El Libro Mágico de Pombo 2

El Libro Mágico de Pombo 2

Prólogo de:
Carlos Vives

Ilustraciones de:
Leo Espinosa

Planeta Junior
GAIRA MUSICA LOCAL

Primera edición en tapa rústica: abril de 2017

Idea original y música: Carlos Vives, Andrés Castro y Carlos Iván Medina
Productor ejecutivo: Claudia Elena Vásquez
Coordinación general: Iniciativa Tras la Perla de la América
Ilustraciones: Leo Espinosa / www.studioespinosa.com
Diseño: Editorial Planeta Colombiana S.A.

Artistas invitados: Monsieur Periné, ChoQuibTown, Fanny Lu, Gusi, Herencia de Timbiquí, Ciegos Sordomudos, Jorge Celedón, Velo de Oza, Andrés Cepeda, Martina la Peligrosa, Doctor Krápula.

ISBN 13: 978-958-42-5942-4
ISBN 10: 958-42-5942-3

Impresión y encuadernación: Colombo Andina de Impresos S. A. S.
Impreso en Colombia - *Printed in Colombia*

Índice

Prólogo

Es para mí un verdadero placer presentar el segundo volumen de *El Libro Mágico de Pombo* y su respectivo volumen de Pombo Musical. A cien años de su muerte, el poeta santafereño nos sigue sorprendiendo con su excelsa pluma. Cada vez que nos sumergimos en sus obras completas, descubrimos nuevas historias y musicalidades que nos recuerdan que los valores son eternos y fundamentales para la educación de niños, jóvenes y adultos, especialmente en tiempos de confusión y exacerbado materialismo. Los fondos recaudados por la presente obra serán destinados a los programas sociales de la iniciativa Tras la Perla de la América, que, con el consenso de la comunidad, trabaja por la transformación del barrio Pescaíto de Santa Marta, uno de los más emblemáticos de Colombia.

Esta nueva selección de sus *Fábulas y Verdades* menos conocidas, pero no menos importantes, nos enseñan el amor profundo del poeta por nuestra tierra y por nuestra gente. Sus fábulas son un llamado a cultivarnos en los más altos principios, en el amor a nuestra lengua y en el sentido más humano de nuestra cultura.

Este libro es la oportunidad de seguir descubriendo, nuevamente de la mano del ilustrador Leo Espinosa, también santafereño, todo el universo visual de personajes, historias y lugares del imaginario de Pombo. Y, por supuesto, todo el universo sonoro que encierra la obra del poeta. Tal como afirma Rafael Maya, uno de los más importantes críticos contemporáneos de Pombo, seguramente intuyendo en la obra de José Rafael una riqueza musical incalculable: «No ha habido poeta colombiano que tuviese tal riqueza de notas en su instrumento lírico».

Para hacer esto realidad, trabajé en la creación musical junto a los productores Carlos Iván Medina y Andrés Castro, compartiendo con varios de los mejores intérpretes del nuevo sonido colombiano. A todos ellos, gracias por hacer posible este sueño y por lograr que el espíritu de Pombo, con su amor por lo clásico, su finísimo sentido del humor y su acrobático manejo del idioma, se escape a revolotear en tu imaginación cada vez que abras las páginas de este libro.

Carlos Vives

Bogotá, enero de 2017

A B C
C

Cartilla objetiva

(O alfabeto imaginario)

Letras son las mudas que hablan;
almas pintadas que vuelan,
las que al ausente consuelan
llevándole un corazón.

Lenguas del muerto y del ido,
cuenteras de lo pasado,
herramientas y alumbrado
que dio el cielo a la razón.

Contiene el abecedario
veintisiete, de las cuales
cinco se llaman vocales,
consonantes las demás.

Las vocales suenan solas;
mientras que una consonante
sin vocal de acompañante
no se hace escuchar jamás.

A

La A recuerda la campana
con que nos llama el Señor;
y el techo, nido de amor,
de madre, esposa, hija, hermana.

B

La B y sus dos buches son
un tercio sobre otro tercio,
enseñando que el comercio
hará engordar la Nación.

C

Mas la corcovada C
cuarto menguante de luna,
anuncia mengua en fortuna
donde hay ocio y mala fe.

D

Es la D luna sin cuernos
por la mitad bien cortada;
o el sombrerón de empanada
que usan los héroes modernos.

E

Plan de cocina o salón
pinta la E; y estando abierta
vemos en frente a la puerta
algo entre altar y fogón.

F

La F es la E no concluida,
que abajo pared no han hecho,
o es un portal con su techo,
y con la llave prendica.

G

¡Jesús, qué arete tan lindo
es la agachadita G!
Cuando con mi novia esté
en la oreja se lo guindo.

H

Entre dos palos de pie
hay un palo atravesado
haciendo una H, un cercado
que paso a bestia no dé.

CH

Daré un cheque de contado
al que explique bien la CH
pues para mí no es más
que una C con H al lado.

I

Es la I el niño menor
de la familia: un palito
siempre a plomo y derechito
cual hombre que odia el licor.

J

Y así la J (quizá tienen las
dos parentesco),
mas calza botín chinesco
y está viendo para atrás.

K

A la K se le quebró
el palo de la derecha
que como punta de flecha
contra el centro se dobló.

L

Es la escuadra que en la mano
ver del carpintero sueles;
y la LL son dos eles
como un mellizo y su hermano.

M

La M es la muela, y nos manda
a trabajar para comer,
sudar cada cual su haber
o morir en la demanda.

N

¡Oh, N; oh, viga entre dos hilos
malamente atravesada!
Debajo de tu enramada,
no dormiremos tranquilos.

Ñ

Y aún más temor la Ñ da,
que es la N con sombrero,
pájaro de mal agüero
que encima volando va.

O

Cuando un niño exclama ¡oh!,
vemos la letra en su boca.
A ti adivinar te toca,
cómo fue que se le vio.

P

Puño de espada es la P,
y aún se ve la hoja truncada.
¡Ruegue a Dios que toda espada
trozada así pronto esté!.

Q

La Q es naranja o melón
sentadito sobre un ramo;
o un reloj que dice al amo:
"¡No pierdas tiempo, holgachón!".

R

La R no es fruta, es mujer
que está sentada en su silla;
mas solo pecho y rodilla
falda y pie se deja ver.

S

El borracho y la serpiente
pintan la S al caminar,
y a ambos debes evitar
cuidadosísimamente.

T

Cruz sin cabeza es la T,
o ancho martillo de herrero,
o lezna de carpintero
como la usó San José.

U

La U es el dedal, el castillo
del dedo de la mujer;
o un pocillo de beber
el chocolate en pocillo.

V

La V o U de corazón
es el corazón: tesoro
mejor que el poder y el oro
de un feroz o de un collón.

W

La W es la M al revés;
dos corazones atados:
cifra de dos bien casados
que haciendo uno solo ves.

X

La X es tijera abierta
para cortarle la lengua
a aquel que diga algo en mengua
de persona ausente o muerta.

Y

La Y griega o Ye servirá
de horqueta de colgar ropa,
o de apuntalar la coja
que el árbol rindiendo va.

Z

Y es la Z la N acostada,
que está pasando un desmayo;
o es como el surco del rayo
que al herir nos vuelve nada.

Bambucos patrióticos

Yo no soy de Cartagena,
Popayán ni Panamá,
ni de Antioquia o Magdalena
ni del mismo Bogotá.

Una tierra tan chiquita
no me llena el corazón.
Patria grande necesita,
soy de toda la Nación.

Yo soy de Colombia entera;
de un trozo de ella, jamás;
y ojalá más grande fuera,
que así me gustara más.

Ojalá fuera tan grande
que pudiéramos decir:
"A lo que Colombia mande
no hay quien sepa resistir".

Mas la unión dará la fuerza
y la fuerza la razón,
y a destino que se tuerza
lo endereza el corazón.

Cuando más perdido estuvo
nuestro gran Libertador,
con más fe y ardor mantuvo
su misión de redentor.

Aspiremos a ser grandes
para el bien universal,
y sean íntegros los Andes
nuestro escudo nacional.

Todo el que hable nuestro idioma
y ame y sienta como acá,
nuestro sea, y otra Roma,
en el mundo pesará.

Yo soy de Colombia entera;
de un trozo de ella, jamás;
y ojalá más grande fuera,
que así me gustara más.

Ojalá fuera tan grande
que pudiéramos decir:
"A lo que Colombia mande
no hay quien sepa resistir".

¡Patria inmensa de Pelayo,
de Bolívar y Colón!
¿Cuándo el sol con cada rayo
mirará la gran Nación?

Cuando no haya más apodos
de lugar y calidad
y radiante alumbre a todos
sol de amor y libertad.

El arrullo

Duerme, duerme, vida mía;
no más juego y parlería.
Cierra, cierra los ojitos,
que los ángeles benditos
mientras haya quien los vea
no te vienen a arrullar.

Duerme pronto, dulce dueño,
que yo misma tengo empeño
de quedarme dormidita
y gozar de la visita
de esos ángeles que vienen
a mecerte y a cantar.

Duerme, duerme, vida mía,
no se vayan a enfadar.
Duerme, duerme, que ya vienen
y dormido los verás,
que te mecen y remecen
y te besan al compás.

Duerme, duerme, vida mía,
duerme, duerme, que ya vienen,
que te mecen y remecen.

Juaco el ballenero

Yo soy Juaco el ballenero
que hace veinte años me fui
a pescar ballenas gordas
a dos mil leguas de aquí.

Enorme como una iglesia,
una por fin se asomó,
y el capitán dijo: "¡Arriba!
Esa es la que quiero yo".

Al agua va el capitán
con su piquete y su arpón,
lavándose antes los ojos
con unos tragos de ron.

Al verlo alzar la botella
se consumió el animal,
y dieron vueltas y vueltas
sin encontrar ni señal.

Cuando de repente *¡zas!*,
da el pescado un sacudón
y barco y gente salieron
como bala de cañón.

La luna estaba de cuernos
y hasta allá fueron a dar,
y como jamás han vuelto
debiéronse de quedar.

Cuando vayas a la luna
busca a mi buen capitán
con su nariz de tomate
y su barba de azafrán.

Dile que este pobre Juaco
no lo ha podido ir a ver
porque no sabe el camino
ni tiene un pan qué comer.

Y si viniere un correo
de la luna para acá,
mándame una limosnita
que Dios te la pagará.

Haz lo
que hay
en ti

Un germen trae cada cual
de algo digno y grande, y bueno:
Dios se lo pone en el seno,
toca su brote al mortal.

Sea pues tu obra especial
cultivar lo que hay en ti;
lo que piden para sí
tu aptitud, gusto y conciencia:
y allí tu celeste herencia;
tu gloria terrestre allí.

El conejo aventurero

Érase un conejito que vivía
en remoto rincón de un monte espeso.
Albergue fiel donde jamás llegaron
astuto cazador ni ágil podenco.

Allí saltaba y correteaba libre,
ignorando qué fuesen hambre o miedo,
con lo bastante para sí, y aun algo
que agasajar a su novia o compañero.

No le faltaba nada y, sin embargo,
no estaba el conejito satisfecho:
"Esta vida es muy sonsa —repetía—,
no es para mí que anhelo el universo".

"Quiero ver cuánto corre este arroyito,
quiero ver cuánto cubre ese ancho cielo,
y a dónde van las aves y las nubes,
y cómo viven los demás conejos".

Y así, una madrugada, cuando a todos
los embargó en su casita el sueño,
él se fugó sin lágrimas ni adioses,
ni abrazar a la madre y darle un beso.

Como a una milla se detuvo y dijo:
"Salí del monte, ¡qué país tan bello!".
Cuando *¡trun!*, suena un tiro, silva el plomo,
y milagrosamente escapa ileso.

"¡Esto no puede ser!", murmura atónito,
"dejemos el viajar para otro tiempo,
volvámonos a casa"; ¿mas por dónde
si ya ni sabe dónde está el batueco?

Iba por ese lado un campesino
y encuentra dormidito al andariego;
"¡Hola, así duerman todos!", dijo el hombre
y despertó en sus manos el conejo.

A una jaula fue a dar aquel gigante
que anhelaba por casa el mundo entero;
espacio en qué voltearse apenas logra,
y, si algo mira, es a través de hierros.

Pero él se consoló; pronto decía:
"Vamos, bien visto no es tan malo el cepo;
estas gentes son muy caritativas
y han querido esconderme a todo riesgo".

Oyendo este discurso unos tocayos
vecinos de él, gritáronle: "¡Camueso!
¡Tu destino es morir! Tal vez cocido
o, más sabroso, asado a fuego lento".

Y en efecto, ayunó desde aquel día
como un anacoreta en el desierto;
ver una zanahoria espeluznábalo;
soñaba con pasteles de conejo.

Y al acordarse de sus tristes padres,
(que olvidó libre y recordaba preso)
decía: "No me hallara en este trance
si hubiese obedecido sus consejos".

Así aprendió qué cosa es una trampa,
palabra que no estaba en su librejo,
y al acercarse el cazador, él mismo
diole el cruel parabién con sus lamentos.

Pero al abrir la trampa, el conejillo,
tal vez por flaco, se escapó de nuevo;
y el hombre no lo persiguió, que acaso
pastel de pierna rota es indigesto.

No hay culpa que se quede sin castigo
y no hay virtud ni buena acción sin premio,
y el desobedecer a nuestros padres
siempre costó durísimo escarmiento.

Bueno es viajar si hay alguien que nos guíe
y el viaje tiene un digno, útil objeto,
y ninguno más digno que el estudio
de lo que falta en el nativo suelo.

El niño y el buey

El niño

¿En qué piensas todo el día
tendido sobre la yerba?
Paréceme un gran doctor
embelesado en su ciencia.

El buey

La ciencia, niño querido
no es lo que a mí me alimenta;
esa es fruta del estudio,
con que Dios al hombre obsequia.

Fuera el pensar para mí,
pobre animal, ardua empresa;
prefiero hacer treinta surcos
antes que aprender dos letras.

Mascar bien me importa más
que una lección en la escuela.
Con las muelas masco yo,
tú, niño, con la cabeza.

Pero si anhelas ser sabio,
ojalá viéndome aprendas
a rumiar, y rumiar mucho,
cada bocado de ciencia.

El digerir, no el comer,
es lo que el cuerpo aprovecha,
y el alma, cuerpo invisible,
tiene que seguir tal regla.

Sin rumiarlo bien, no engullas
ni una línea, ni una letra;
el que aprende como un loro,
loro ignorante se queda.

El perro de Enrique

Lindo está Enrique, vestido
con su traje de escocés,
pero su perro es un dije
tan importante como él.

Aprende cuanto le enseñan,
siempre supo obedecer,
jamás ha mordido a nadie
y es aseado y cortés.

Si incurre en faltas, aguanta
el castigo que le den,
y aún besa humilde la mano
que corrigiéndolo esté.

Lindo está Enrique, vestido
con su traje de escocés,
pero su perro es un dije
tan importante como él.
¡Y cuántos niños conozco
que los cambiara por él!

Noble y fiel animalito,
quién no lo habrá de querer;
¡y cuántos niños conozco
que los cambiara por él!

La razón y la fe

"Pasado cierto punto, y no distante,
exclamó la Razón, soy navegante
sin brújula y sin luz; y solo sé
que nada sé; de allí para adelante
voy yo", dijo la Fe.

Tú eres ave sin alas, pero sientes
que las tuviste o las tendrás; y ardientes
y eternas son tus ansias de volar,
y horizontes sin límites presientes
que hoy no es dado explorar.

Respeta el misterioso laberinto,
mas, recuérdalo bien, no eres gusano;
hállase estrecho en su mortal recinto
tu dueño, y es por ese excelso instinto
del mundo Soberano.

Yo marco el escalón de su nobleza,
la duración de su obra, su grandeza
y su poder, dependen de su Fe.
Donde otros terminan, el creyente empieza:
salva el misterio y ve.

El pajarito de oro

Despiértenme muy temprano,
que quiero al campo ir a ver
aquel pajarito de oro
que canta al amanecer.

Dicen que nada hay más lindo
ni trina con tal primor,
pero que nadie lo ha visto
pasando el primer albor.

De rubíes y esmeraldas
bordado su cuerpo está,
y hay en su frente una estrella
que alumbra por donde va.

Y es pajarito casado,
siempre anda con su mujer,
y al cantar conversan juntos
y hasta se dan a entender.

Él repite rico, rico,
a cuantos niños lo ven;
y ella linda, linda, linda
dice a las niñas también.

Y cuentan que los muchachos
que suelen dar madrugón
para ir a ver su hermosura
y oír su conversación,
paran en hombres muy ricos,
como el pájaro anunció,
y en muchacha muy graciosa
la que sin gracia nació.

La aurora quiere a los niños,
ella su color les da,
con ese brillo y frescura
que alumbra por donde va.

Y aquel pajarito de oro
que canta al amanecer,
es su niño, y nos convida
a que lo vamos a ver.

La gota y el torrente

Hijo de alto aguacero estupendo
un torrente espumante y tremendo
con gran furia y horrísono estruendo
por peñascos botándose va.

Y atropella en su rumbo una gota,
pobre, humilde, que a nadie alborota,
y años ha, de una cúspide brota,
y cayendo a compás siempre está.

"¿Qué pretendes, gotita impotente?
¡Hazte a un lado!", rugió el torrente.
"Piensas tú desbordar mi corriente,
¿o darme una limosna quizás?"

"Tú, juguete de un leve airecito;
tú, que dejas con sed a un mosquito,
en mi curso grandioso, infinito,
¿qué señales de ti dejarás?".

La gotita no dijo ni un pero,
mas siguió en su caer rutinero,
y bien pronto acabó el aguacero
y con este el torrente en cuestión.

Y de tanta bambolla y baladro
y pomposo quimérico cuadro
dejó… ¡fango! —¿y la gota?—. Un taladro
hondo, eterno, en marmóreo peñón.

Cuántos, cuántos proyectos titánicos,
y prefacios y arranques volcánicos
y furores que dan miedos pánicos,
¡charla y viento y ridículos son!

Eso al tonto deslumbra o arredra,
quien se embarca en prodigios no medra.
Sé la gota que cava la piedra,
no el torrente que hinchara el turbión.

Rafael Pombo

Érase una vez, en la antigua Santafé de Bogotá, un niño al que le encantaba leer. Rimar y unir palabras era su juego favorito. Él se llamaba José Rafael Pombo y Rebolledo, pero todos lo llamaban Rafael. Nacido en aquella ciudad, el 7 de noviembre de 1833, era cariñoso y sensible; también, muy inteligente. Tanto así, que cuando creció estudió matemáticas, ingeniería y filosofía, conocimientos que lo llevaron por grandes aventuras alrededor del mundo y a aprender idiomas de tierras lejanas. Gracias a ello, cuando regresó a Colombia se volvió un reconocido traductor.

En medio de aquellos viajes y sin olvidar nunca las letras, Rafael llenó cientos de cuadernos con poemas, cuentos y fábulas. Escritos que dieron vida a sus personajes más reconocidos y que en este libro podrás leer. Después de sus viajes y andanzas, Pombo fundó varios periódicos, entre ellos *El Cartucho* y *El Centro*; y por su gran mente y sapiencia llegó a ser diplomático del Gobierno colombiano.

Este ilustre amante de las letras poco quiso publicar sus poemas, solo de vez en cuando —y por petición de sus seguidores— llegaban al público. Su fama fue tan grande, y sus poemas tan divertidos que en agosto de 1905 lo coronaron con el título de “Poeta Nacional de Colombia” en una bonita ceremonia en el teatro Colón. Como miembro de la Academia Colombiana de la Lengua y por su gran amor a las letras, el poeta de los niños (como ahora lo apodan) escribió hasta su último día de vida, el 5 de mayo de 1912. Más de cien años después, su poderosa imaginación nos sigue atrapando.

Carlos Vives

Músico y actor colombiano; uno de los nombres más sonoros en el quehacer artístico latinoamericano. Como actor, ha dado vida a un puñado de personajes del costumbrismo nacional en inolvidables series de televisión. Renovó la música popular de su país que, como el renacuajo paseador, lo llevó a pasear por el mundo jalonando un alud de artistas colombianos sobre el panorama internacional.

Este hijo de Pombo ha sido galardonado en varias ocasiones por las academias americana y latina de la grabación y como ícono de la música latina en España con el Premio Catalán Ondas. De las manos del Rey Felipe VI de España, recibió el Premio Amigo.

Como millones de colombianos, Carlos Vives ha entretenido y dormido a sus cuatro hijos (Carlos, Lucía, Elena y Pedro) con los cuentos de Rafael Pombo; por eso, hace más de cinco años escribió al ladc de su esposa, Claudia Elena Vásquez, una pieza de teatro musical titulada “El misterio del Libro Mágico”, que, bajo su dirección, ha llevado la alegría a miles de niños y adultos en diferentes rincones del país y más allá de nuestras fronteras. También ha formado parte del consorcio de músicos locales que convirtieron en canciones las fábulas del distinguido poeta.

Como es un niño grande, estamos seguros de que le gustaría que finalizáramos esta breve reseña de la siguiente manera: y colorín colorado, esta historia aún no ha terminado.

Leo Espinosa

Nació en Bogotá y de allí partió a diseñar toda clase de sueños. Algunos de ellos se han materializado para Swatch, *Wired, Esquire, The New York Times,* Coca-Cola y Nickelodeon. Otros, como su serie animada "Sushi pack", han alegrado los sábados de muchos niños alrededor del mundo. Cuentan que, junto con su esposa, diseñó un sueño que se convirtió en libro infantil; y que, otros tres sueños —muy especiales— los condecoraron con Medallas de Oro y Plata en la Sociedad de Ilustradores de Nueva York. Al parecer, enseñó los trucos de su magia en Rhode Island School of Design antes de marcharse por más quimeras al Lejano Oeste, donde según dicen, vive actualmente.

Canciones de Pombo Musical 2

1. Cartilla objetiva

MONSIEUR PERINÉ

2. Bambucos patrióticos

CHOCQUIBTOWN

3. El arrullo

FANNY LU

4. Juaco el ballenero

GUSI

5. Haz lo que hay en ti

HERENCIA DE TIMBIQUÍ

6. El conejo aventurero

CIEGOS SORDOMUDOS

7. El niño y el buey

JORGE CELEDÓN

8. El perro de Enrique

VELO DE OZA

9. La razón y la fe

ANDRÉS CEPEDA

10. El pajarito de oro

MARTINA LA PELIGROSA

11. La gota y el torrente

DOCTOR KRÁPULA